AF463219

25 MARS 1869

P99N

Vente des Jeudi 25 et Vendredi 26 Mars 1869

SUCCESSION ODIOT

TABLEAUX

ANCIENS ET MODERNES

OBJETS D'ART ET DE CURIOSITÉ

MINIATURES — MARBRES — BRONZES

PORCELAINES

MEUBLES ET TAPISSERIES

Exposition publique : le Mercredi 24 Mars 1869

Me CHARLES PILLET, COMMISSAIRE-PRISEUR

MM. FRANCIS PETIT ET CHARLES MANNHEIM, EXPERTS

CATALOGUE

DES

TABLEAUX

ANCIENS ET MODERNES

OBJETS D'ART ET DE CURIOSITÉ

MINIATURES — MARBRES — BRONZES

PORCELAINES

MEUBLES ET TAPISSERIES

Dépendant de la succession de feu M. ODIOT

DONT LA VENTE AUX ENCHÈRES PUBLIQUES AURA LIEU

PAR SUITE DE DÉCÈS

HOTEL DROUOT, SALLE N° 1

Les Jeudi 25 et Vendredi 26 Mars 1869

A DEUX HEURES

Par le ministère de Mᵉ **CHARLES PILLET**, Commissaire-Priseur,
10, rue Grange-Batelière,

Assisté de MM. **Francis PETIT** et **Charles MANNHEIM**, Experts,
7, rue Saint-Georges.

Chez lesquels se trouve le Catalogue

EXPOSITION PUBLIQUE

Le Mercredi 24 Mars 1869, de une heure à cinq heures.

CONDITIONS DE LA VENTE.

Elle sera faite au comptant.

Les adjudicataires payeront *cinq pour cent* en sus des enchères

L'exposition mettant le public à même de se rendre compte de l'état des objets, il ne sera admis aucune réclamation une fois l'adjudication prononcée.

Paris. — Imp. de Pillet fils aîné, rue des Grands-Augustins 5.

TABLEAUX

ANCIENS ET MODERNES

BOILLY.

1 — **Scène familière.**

Une jeune mère retient un petit garçon qui, monté sur une table, est effrayé d'une souris qu'une jeune fille lui présente en passant son bras par une porte entr'ouverte.

Charmants costumes du temps.

Haut., 41 cent.; larg., 31 cent.

BRIAS

2 — **Le Retour du marché.**

Une ménagère hollandaise, revenant du marché, dépose sur l'appui d'une croisée ouverte un lièvre, des canards et des oignons. Un seau de cuivre est près d'elle.

Haut., 28 cent.; larg., 21 cent.

DESPORTES

3 — Nature morte et objets d'art.

De beaux vases d'argent et deux tasses de porcelaine du Japon groupés, avec une draperie de velours rouge, sur une grande étagère en marbre ; au bas, des pêches et un jambon entamé.

Collection Odiot père.

Haut., 185 cent.; larg., 1 mèt.

DESPORTES

4 — Fruits et objets divers.

Des fruits, un grand seau d'argent, une riche aiguière et son plateau sont posés à terre, près d'un bas-relief en pierre à demi couvert par une draperie rouge.

Sur le devant, deux petits lapins sont inquiets des cris d'un perroquet perché sur la pierre.

Collection Odiot père.

Haut., 85 cent.; larg., 138 cent.

FYT

(JEAN)

5 — Deux Perdrix mortes accrochées à un buisson.

Haut., 36 cent.; larg., 46 cent.

GÉRICAULT

6 — **Cheval de trait à l'écurie.**

Haut., 34 cent.; larg., 46 cent.

GREUZE

(JEAN-BAPISTE)

7 — **La Marchande de fruits.** 650

Elle est assise bien enveloppée et se chauffe les mains à une chaufferette. Une petite fille se serre contre elle, un chien les regarde.

Haut., 72 cent.; larg., 58 cent.

LANCRET

(NICOLAS)

8 — **Nicaise.** 4600

Fort essoufflé d'avoir couru,
Et joyeux de telle prouesse,
Il s'en revient bien résolu
D'employer tapis et maîtresse.
Mais quoi ! la dame au bel habit,
Mordant ses lèvres de dépit,
Retournait vers la compagnie ;

CONTE DE LA FONTAINE

Haut., 27 cent.; larg., 36 cent.

LARGILLIÈRE

9 — **Portraits de Thomas-Germain, orfévre du roi, et de sa femme.**

Le célèbre orfévre est debout, vêtu d'une robe de chambre grise laissant voir le gilet et la chemise entr'ouverte; sa main droite, tenant un porte-crayon, est posée sur un vase, magnifique modèle d'orfévrerie; de la gauche, il montre d'autres objets posés sur une tablette.

Sa femme, assise près de lui, est vêtue avec distinction et élégance; des livres, un encrier, des lettres, et divers objets sont placés sur une table à côté d'elle.

Collection Odiot père.

Haut., 145 cent.; larg., 113 cent.

LÉPICIÉ

10 — **La Famille du Braconnier.**

Dans un intérieur de paysan, une femme rapporte du bois mort et un lapin dans son tablier, une petite fille décharge le butin.

Haut., 31 cent.; larg., 25 cent.

MIÉRIS

(GUILLAUME)

11 — **Sylène.** 930 Bruant

Il est assis à terre, deux amours l'enguirlandent de vigne, une nymphe le couronne. A terre, une coupe renversée.

Haut., 41 cent.; larg., 34 cent.

MONNOYER

(BAPTISTE)

12 — **Bouquet de fleurs dans un vase posé sur une table de marbre.** 100

Haut., 71 cent.; larg., 93 cent.

OMMEGANCK

13 — **Pâturage flamand.** 760

Des animaux paissent dans une prairie coupée d'une rivière. Au fond un moulin à vent et des habitations de paysans.

Haut., 29 cent.; larg., 42 cent.

OUDRY

(JEAN-BAPTISTE)

4500 **14 — Six panneaux de décoration, sujets tirés des fables de La Fontaine.** Faux étaient signés Charles Oudry

Le renard et la cygogne.
Le loup et l'agneau.
Le renard et le corbeau.
Le cerf qui se mire dans l'eau.
Le chien qui lache sa proie pour l'ombre.
Le chien qui défend le dîner de son maître.

Ces panneaux sont de forme allongée et cintrée par le haut.

Haut., 197 cent.; larg., 96 cent.

POELENBURG

(CORNEILLE)

700 **15 — Paysage, Baigneuses.**

Des baigneuses, au bord d'un étang, au milieu d'un paysage italien.

Haut., 32 cent.; larg., 41 cent.

PRUDHON

16 — **Une Famille dans la désolation.**

Le père malade, assis dans un fauteuil, est soutenu par sa femme; devant lui deux petits enfants et une grande fille se désolent.

Vente Boisfremont.

Haut., 25 cent.; larg., 20 cent.

RIGAUD

(HYACINTHE)

17 — **Portrait d'homme.**

C'est le portrait présumé du maréchal de Boufflers, il est revêtu d'une cuirasse et porte le grand cordon; la perruque est longue et bouclée.

Haut., 73 cent.; larg., 58 cent.

LÉOPOLD ROBERT

18 — **Paysans italiens entourant une chèvre blessée.**

Vente du baron Gros.

Bois. Haut., 46 cent.; larg., 37 cent.

ROBERT-LEFÈVRE

19 — **Jeune garçon tenant un chat dans ses bras**

Collection Odiot père.

Haut., 34 cent.; larg., 27 cent.

RUBENS

20 — **Chasse au faucon.**

Un cavalier élégamment vêtu, un faucon au poing, cause avec une dame montée sur un cheval blanc et tenant un parasol ; des chiens entourent les deux chevaux.

A gauche, un serviteur, le fusil sur l'épaule et suivi d'un chien, descend à pied un chemin creux ombragé par un grand arbre.

Haut., 54 cent.; larg., 73 cent.

SPRINGER

21 — **Fontaine sur une place dans une ville de Hollande.**

Haut., 32 cent.; larg., 41 cent.

SWEBACH

22 — **Choc de cavalerie.**

Haut., 34 cent.; larg., 33 cent.

TAUNAY

23 — **Un petit port de la côte d'Italie.**

Des barques de marchandises sont amarrées au rivage, des navires sont en rade. A gauche, un fort et diverses constructions ; sur le devant, un grand nombre de figures et toute l'animation d'un port.

Collection Odiot père.

Haut., 52 cent.; larg., 64 cent.

TÉNIERS

(DAVID)

24 — **Intérieur d'une tabagie.**

Haut., 17 cent.; larg., 37 cent.

TITIEN

(TITIANO VECELLI)

25 — **Une Femme à sa toilette.**

Ce tableau est décrit ainsi dans le catalogue de la collection de M. Collet d'Hauteville, vendue en 1774 par l'expert Joullain.

« Une femme nue sortant du bain, elle est vue par le » dos et se regarde dans un miroir qui représente son » visage, une autre femme parait se disposer à lui » couper les ongles du pied; les figures sont grandes » comme nature, les carnations sont d'une grande va- » riété et le coloris digne de la réputation de ce célèbre » artiste. »

Haut., 000 cent.; larg., 000 cent.

VERBOECKHOVEN

(EUGÈNE)

26 — **Le Taureau.**

Un taureau est attaché dans une étable, où sont plusieurs vaches; sur le devant, deux lapins.

Haut., 57 cent.; larg., 78 cent.

VERBOECKHOVEN

(EUGÈNE)

27 — **Taureau échappé.**

Il franchit d'un bond un arbre renversé.

Haut., 71 cent.; larg., 55 cent.

WOUWERMAN

28 — **Paysage d'hiver.**

La campagne est couverte de neige, un ruisseau glacé passe devant une vieille tour dont l'entrée donne sur un pont. A gauche, une chaumière, et sur le devant, des figures et un cheval.

Le ciel est sombre à l'horizon.

Haut., 41 cent., larg., 31 cent.

ÉCOLE FRANÇAISE

29 — **Assomption de la Vierge.**

Haut., 47 cent.; larg., 73 cent.

ÉCOLE ANGLAISE

30 — **Chiens.**

Deux chiens en arrêt devant un berceau à poulets dans une écurie.

Collection H. Didier.

Haut., 42 cent.; larg., 52 cent.

BERCHEM

(D'APRÈS)

31 — **Un Port en Italie.**

Haut., 45 cent.; larg., 60 cent.

OMMEGANCK

(D'APRÈS)

32 — **Pâturage hollandais.**

Haut., 30 cent.; larg., 53 cent.

PRUDHON

(D'APRÈS)

33 — **Daphnis et Chloé au bain.** 145

Haut., 41 cent.; larg., 32 cent.

KUHNE

(D'APRÈS LE TITIEN)

34 — **La Vénus du musée de Madrid.** 210

Dessin.

MINIATURES

35 — Belle miniature sur vélin, par Richard Van Orley 1697. — Invocation à Vénus. La scène se passe sous un monument enrichi de sculptures.

36 — Miniature sur vélin, sainte Catherine vue à mi-corps

36 *bis* — Miniature ronde en grisaille sur ivoire, par A. Sauvage. Triomphe de Vénus.

37 — Autre jolie miniature ronde sur ivoire ; danse d'enfants en camaïeu brun rehaussé d'or avec encadrement, formé de rinceaux élégants et de figures d'amours peints en grisaille sur fond noir.

SCULPTURES

38 — Marbre blanc. Ronde bosse. Figure d'amour endormi couché sur son carquois. Travail français du temps de Louis XIV.

Sur socle à moulure en marbre vert campan.

39 — Marbre blanc. Deux figures de femmes debout représentant le moyen-âge et la renaissance, sculptées par J. Cavelier, d'après Paul Delaroche.

PORCELAINES ET OBJETS VARIÉS

40 — Deux vases modèle potiche en ancienne porcelaine de Chine fond brun clair et réserves décorées de fleurs émaillées. Ils sont garnis de lampes et de montures rocaille en bronze.

41 — Groupe en biscuit de porcelaine ; la marchande d'amours ; composition de sept figures.

42 — Autre groupe en biscuit de porcelaine ; Enfants musiciens, sur socle en porcelaine.

43 — Deux statuettes en biscuit ; Vénus et Pâris ; sur socles carrés.

44 — Deux vases en céladon bleu turquoise, montés en lampes en bronze doré de style rocaille.

45 — Deux petits carlins en porcelaine bleu turquoise, montés sur socles rocaille en bronze doré.

46 — Deux vases en porcelaine moderne de la Chine à décor émaillé en couleurs à figures et fleurs.

47 — Deux cachepots en ancienne porcelaine de Chine fond brun et réserves décorées de fleurs émaillées en couleurs Monture de style Louis XIV en bronze doré.

48 — Figure d'enfant assis en vieux Saxe montée en bronze avec fleurettes de Saxe.

49 — Quelques pièces en porcelaine de Sèvres et de Saxe; ce lot sera divisé.

50 — Deux petits vases en céladon vert d'eau montés en bronze rocaille.

51 — Deux grands verres de Bohême gravés.

52 — Deux coupes coquilles en verre de Bohême.

53 — Petite assiette en faïence de Castelli.

54 — Aiguière et plateau en émail de Chine.

55 — Deux buires en porcelaine du Japon montées en bronze.

55 *bis* — Pendule en biscuit de porcelaine en forme de rocher, sur lequel se trouvent sept figurines d'enfants bacchants. Epoque Louis XIV.

BRONZES

56 — Garniture de cheminée en bronze doré; modèle rocaille à figures. Elle se compose d'une pendule et de deux candélabres à sept lumières.

57 — Deux chenets de même style, ornés de figurines d'enfants.

58 — Grand lustre en bronze, modèle rocaille orné de figurines, à trente lumières.

59 — Autre lustre en bronze, modèle rocaille à quinze lumières.

60 — Quatre bras modèle Louis XIV et branches rocaille à sept lumières en bronze, surmontés de consoles supports et de groupes d'enfants aussi en bronze.

61 — Deux autres bras de même style en bronze à sept lumières.

62 — Deux candélabres girandoles, modèle Louis XIV à cinq lumières supportés par un groupe de figures en bronze doré.

63 — Deux figures en bronze; Confucius debout. Travail chinois.

64 — Brûle-parfums chinois en forme de fruit en bronze, socle en bois sculpté.

65 — Brûle-parfums analogue à celui qui précède.

66 — Lustre modèle Louis XIV en bronze à douze lumières.

67 — Deux chenets modèle rocaille en bronze.

68 — Lustre en bronze argenté richement garni de cristaux de Bohême à seize lumières.

69 — Deux lampes en bronze sur socles formés de groupes d'enfants debout.

70 — Jolie pendule Louis XV en marqueterie d'écaille, de cuivre et de nacre richement garnie de bronze doré et accompagnée de son socle cul de lampe.

71 — Deux miroirs appliques avec cadres en bois sculpté et doré de forme contournée et garnis de branches porte-lumières.

72 — Deux appliques pareilles à celles qui précèdent.

73 — Petite table de nuit Louis XVI en bois d'acajou et bronze.

74 — Écran de cheminée en bois sculpté et peint en blanc. Époque Louis XVI.

MEUBLES ET TAPISSERIES

75 — Deux jolies portières en tapisserie ; groupes de faisans dans des paysages avec encadrements formés d'arbustes, de draperies et de fleurs.

76 — Beau lit de style Louis XVI en bois finement sculpté et peint, et garni d'étoffe de soie ancienne.

77 — Couvre-lit et rideaux en étoffe de soie ancienne brochée à fleurs, bergeries et oiseaux.

78 — Pendule de cheminée du temps de Louis XIV, en marqueterie de cuivre et écaille garnie de bronze.

79 — Beau et grand bureau plat, du temps de Louis XIV, en bois noir incrusté de filets cuivre, et richement garni de bronzes dorés.

79 *bis* — Lit portugais avec baldaquin supporté par des colonnes et dossier sculpté ; le tout en bois de palissandre garni de guipure et de damas de soie rouge.

80 — Glace avec encadrement de même style et travail que le lit qui précède.

81 — Deux petits guéridons en bois sculpté formés de cariatides d'enfants. Travail italien.

82 — Table en bois sculpté avec dessus enrichi d'inscrustations d'ivoire.

83 — Petite glace à biseaux avec encadrement en glace et moulures en bois noir.

84 — Quatre chaises à dossiers élevés en bois noir sculpté garnis de damas de soie rouge.

85 — Console avec pieds et entrejambes en bois doré sculpté à ornements et fleurs. Époque Louis XV.

86 — Meuble de salon Louis XVI en bois sculpté garni de tapisserie à fond vert et dessins à rinceaux.

87 — Console Louis XVI de forme cintrée en marqueterie de bois garnie de bronzes.

88 — Guéridon en marbre monté à trépied en bronze.

89 — Seize fauteuils en bois sculpté et peint en blanc, Louis XV, garnis de tapisserie à fleurs et rubans bleus sur fond blanc.

90 — Grand meuble à deux corps et à quatre portes en bois noir à moulures enrichi d'inscrustations de marbre.

91 — Grande armoire à glace en bois de palissandre, à trois portes.

91 *bis* — Banquette, fauteuil et deux chaises en bois sculpté garnis en velours vert.

92 — Console Louis XVI de forme cintrée en bois de rose garnie de bronze ; les quatre pieds, modèle colonne, sont reliés entre eux par une tablette. Dessus de marbre.

93 — Console du temps de Louis XVI en bois sculpté et doré à festons de fleurs. Dessus de marbre.

94 — Autre console Louis XVI en bois sculpté et doré à deux pieds à volutes et entrejambes surmonté d'un vase, enrichie de guirlandes de fleurs. Dessus de marbre vert de mer.

95 — Grand bureau plat avec casiers en bois d'acajou garni d'une moulure de cuivre. Époque Louis XVI.

96 — Deux consoles de suspension en bois sculpté et doré, formées de dragons ailés.

97 — Petit guéridon rond Louis XVI à tablette de marbre blanc; sur pied carré en bois d'acajou et repercé à jour.

98 — Meuble de salon en bois sculpté et doré de style Louis XV, garni en damas de soie jaune. Il se compose de trois grands canapés et de six fauteuils.

99 — Douze chaises légères en bois doré garnies de tresses en passementerie jaune.

100 — Trois paires de rideaux en damas de soie jaune avec pentes et accessoires et trois galeries dorées.

101 — Piano à queue D'ÉRARD, à six octaves trois quarts et caisse en bois de palissandre.

102 — Deux consoles dorées à un seul pied et dessus de marbre blanc.

103 — Bureau à X en marqueterie de cuivre et écaille rouge garni de bronze. Époque Louis XIV.

104 — Deux meubles à deux corps reposant sur un socle, le tout en bois de fer; le bas a deux portes à ornements sculptés en relief, et le haut formant étagère. Les côtés sont découpés à jour.

Collection de feu M. le duc de Morny.

Haut. 2 m. 20 c.; larg. 88 cent.

105 — Grand meuble à deux portes vitrées, en marqueterie de bois de couleurs, enrichi d'incrustations de nacre et d'ornements rapportés en bois sculpté.

106 — On vendra sous ce numéro quantité de meubles couvrants et les tapis.

www.ingramcontent.com/pod-product-compliance
Ingram Content Group UK Ltd.
Pitfield, Milton Keynes, MK11 3LW, UK
UKHW020229180726
13838UKWH00005B/2275

9 782329 490069